CE LIVRE DE STICKERS APPARTIENT À :

....

....

....

ISBN : 978-2-7540-7464-3
Dépôt légal : mai 2015
Imprimé en Pologne

Direction éditoriale : Aurélie Starckmann
Mise en page et couverture : Manon Bucciarelli
Textes : Charlotte Legris
Illustrations : Yann blindSALIDA

Éditions First, un département d'Édi8
12, avenue d'Italie
75 013 Paris – France
Tél. : 01 44 16 09 00
Fax : 01 44 16 09 01
E-mail : firstinfo@efirst.com
Site internet : www.editionsfirst.fr

300 STICKERS POUR DIRE MERDE

FIRST Editions

CRÉEZ VOS MESSAGES

Parce que la vie est plus amusante avec des stickers, voici un livre avec lequel vous allez pouvoir vous défouler !

Phrases d'insultes et gros mots n'attendent que vous pour être décollés et affichés où bon vous semble !

Vous pourrez choisir de reproduire les phrases de ce livre telles qu'elles vous sont proposées sur les pages d'autocollants, ou bien laisser s'exprimer votre créativité en formant vos propres expressions d'argot et autres noms d'oiseaux, en mélangeant les stickers de ce livre et grâce aux lettres de l'alphabet que vous trouverez en fin d'ouvrage.

Alors à vous de jouer ! Laissez parler votre imagination et votre colère... pour vous défouler contre tous ceux qui vous tapent sur les nerfs !

L'ILLUSTRATEUR

Yann blindSALIDA a travaillé pendant 10 ans comme directeur artistique de nombreuses campagnes de publicité (Sony, Orange, Mercedes, Nestea, Coca-Cola, Azzaro, Honda...). Il se consacre aujourd'hui à sa passion première, l'illustration et la typographie.

LA COLLECTION

Retrouvez les autres titres de la collection
300 stickers pour créer encore plus de messages !

1001 STICKERS : L'APPLI !

Envie de partager vos photos et vos messages personnalisés avec des stickers ? Libérez votre créativité sur votre smartphone où que vous soyez avec l'appli *1001 stickers* !

Envoyez des pensées zen !

Offrez des pensées positives !

Sur les réseaux sociaux, par email, par MMS, en fond d'écran, personnalisez vos photos pour décliner vos messages à l'infini !

Photographiez, personnalisez, partagez !

APPLI* GRATUITE !

Partagez des messages d'amour !

Libérez vos coups de gueule !

*disponible sur iPhone & Smartphone Android

TU préfères ÊTRE

UN

CRÉTIN

OU BIEN UN

EMPAFFÉ DES ALPES

MERCI

MAIS

NON

MERCI !!!

MÊME PAS

EN

RÊVE !

TU PEUX TE BROSSER

MA RÉPONSE TIENT EN TROIS LETTRES

NON

F*** YOU

TU VEUX MA

photo?

JE NE PARLE

PAS AUX

C**

ÇA LES INSTRUIT

QUI me Parle ?

J'ENTENDS

DES

VOIX ?

JE VOUDRAIS

Bien

MAIS JE PEUX

POINT.

LA PLUIE DE TES SARCASMES glisse SUR LA TOILE CIRÉE DE MON INDIFFÉRENCE j'avais prévu de

me laisser

CASSER les PIEDS

et puis

finalement PAS

TU peux

TOUJOURS

Courir !

ESPÈCE
DE
SALE
FUMIER

POUR RESTER

POLI

JE DIRAIS

ZUT

RETOURNE

TA

CHEZ

MÈRE

ELLE

FERA

TE

DES

POMMES
DE

TERRE

GRMBLFGK

PARLE

À MA

AAAAARRH

ARGN

MERDE

à celui qui

TA

MERDE
PARTIE PERDUE
ENCORE PERDU
ESSAIE ENCORE

TU
POUSSES
LE BOUCHON
LOIN
UN PEU
J'EN AI MARRE !

TU JOUES

AVEC MA

PATIENCE

ATTENTION

TU VAS GAGNER

LE GROS LOT

C'EST BEAU

d'avoir de

L'ESPOIR

NON !

C'EST NON

si tu n'es

PAS CONTENT

C'EST PAREIL

Je pense que

NOUS NE NOUS SOMMES

PAS BIEN

compris

LAISSE-MOI

RIRE !

JE REVIENS

OU PAS

BORDEL
DE

MERDE

J'EN AI

RAS
LE
BOL

Je rêve

de te

TIRER LA LANGUE

MAIS LA BIENSÉANCE

m'en

EMPÊCHE

ERREUR
SYSTÈME

VOUS
RISQUEZ
DE PERDRE
VOS DONNÉES
NON
ENREGISTRÉES

MERCI

POUR
LES
EFFORTS

VA TE FAIRE

cuire un

! 

!

TOUTES LES LIGNES DE VOTRE CORRESPONDANT SONT OCCUPÉES
tût
...
veuillez nous recontacter ULTÉRIEUREMENT
tût

A B C D E

F G H I J

K L M N O

P Q R S

T U V W

X Y Z

A B C D E F G H I J K L M N O P Q R S T U V W X Y Z

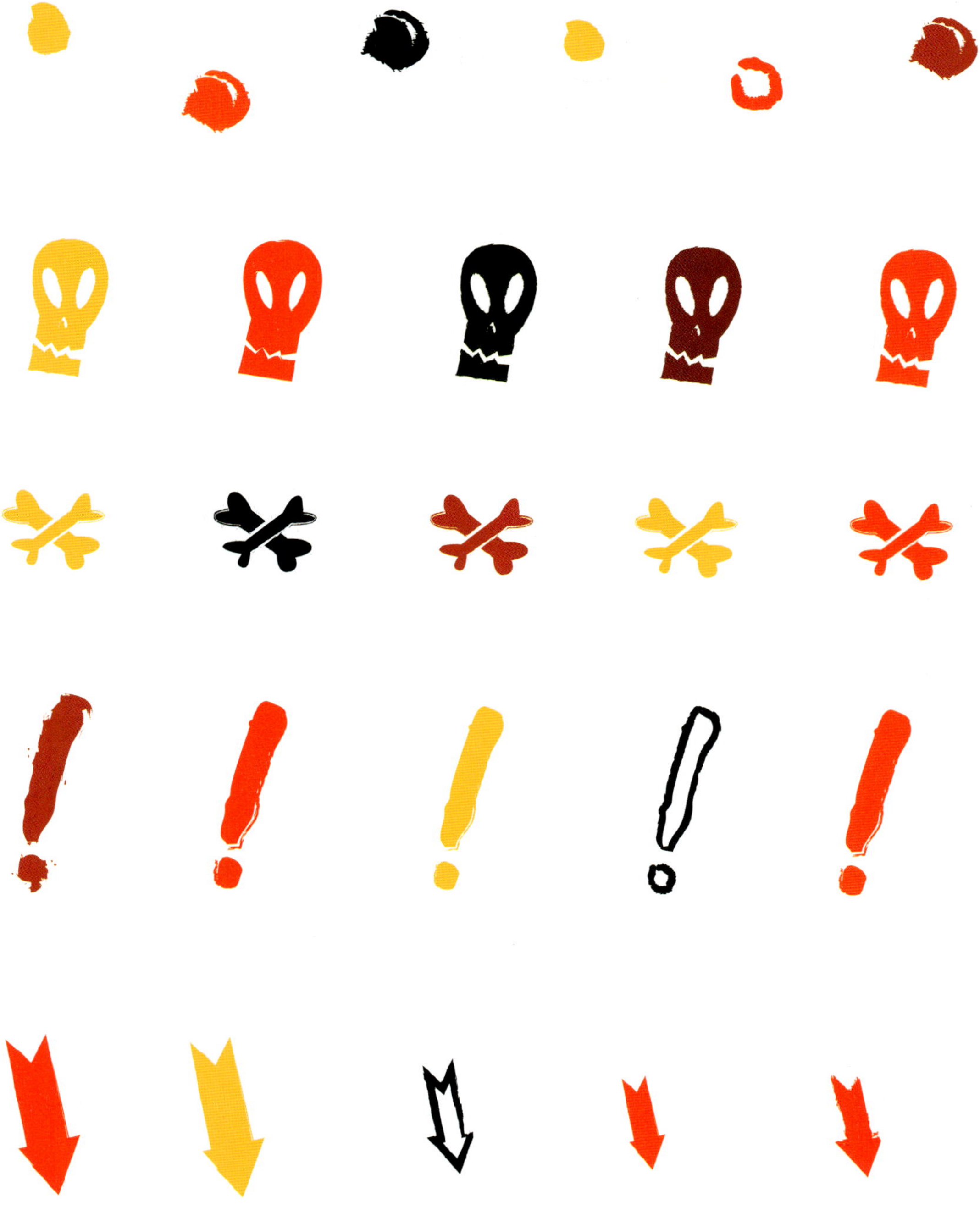

DITES-LE AVEC DES STICKERS !

Plus de 300 stickers spécial « gros mots et insultes » pour vous défouler dans la régression la plus totale !

Retrouvez dans ce livre des gros mots, des expressions rétro et des mots d'argot, ainsi que des lettres pour composer vos propres insultes et les coller où vous voulez !

Dans la rue, sur vos carnets, agendas, pochettes, murs de bureau, cartes... personnalisez votre environnement et défoulez-vous contre tous ceux qui vous pourrissent la vie !

Avec les illustrations originales de Yann blindSALIDA

605806 V-15 9,95 €
9 782754 074643
FIRST Éditions